ADRESSE

DES REPRÉSENTANS

DE LA COMMUNE DE PARIS,

A MESSIEURS

DE L'ASSEMBLÉE NATIONALE.

Monsieur le Président et Messieurs,

Les repréſentans de la Commune de Paris viennent avec confiance vous expoſer que la Capitale eſt ſurchargée d'impôts indirects, & que ſon état actuel paroît ne pas permettre que cette maſſe énorme continue à ſe percevoir, de la même manière, ſur ſes habitans.

A

Vous le favez, Meſſieurs; la capitale étoit arrivée à un dégré de ſplendeur qui ſurpaſſoit ce que l'hiſtoire nous rapporte des villes les plus renommées. Les richeſſes s'étoient naturellement concentrées dans ſon enceinte; & tout avoit concouru à la porter à ce haut dégré d'élévation, où vous l'avez vue.

Au moment où la France n'avoit reconnu d'autre ſouverain que ſon monarque, Paris, la capitale, ſéjour habituel de ſes Rois, a du prendre & a pris ſucceſſivement un dégré d'accroiſſement conſidérable. Le ſouverain, ſeul diſpenſateur des grâces & des emplois, a naturellement du être environné des grands du Royaume, des courtiſans & de ceux qui pouvoient prétendre à ſes faveurs; collateur des principaux bénéfices, ceux qui aſpiroient à les obtenir, ont du chercher à s'approcher de la cour & à ſe faire connoître. Les intendans des provinces, & toutes les claſſes tenantes à la haute finance habitoient la capitale; de grands tribunaux y ont été créés d'une manière ſédentaire. Tous ces établiſſemens formoient autant de canaux qui amenoient, des provinces dans la capitale, des ſommes conſidérables ; il étoit difficile que, dans cet état de richeſſes, les ſciences & les arts ne fiſſent pas des progrès. Appellés par François I, & encouragés par ſes ſucceſſeurs, ils ont été portés dans cette capitale à un grand point de perfection ; &, ſi l'eſprit de fiſcalité ne les eût point arrêtés dans leur cours, ils auroient mis à une contribution plus marquée, tous les états de l'Europe. Cet état va changer par rapport à la capitale. Reſtaurateurs de la liberté françoiſe, véritables pères de la patrie, vous avez établi dans toutes les parties du Royaume cette heureuſe égalité qui répandra un bonheur plus général ſur tous les citoyens ; vous avez ſupprimé les abus & regénéré la France. Les grands, il n'y en a plus ; tous les citoyens ſont égaux : le clergé, il eſt rétabli dans ſa première inſtitution : les intendans des provinces, ils ſont annéantis ; la ſageſſe des départemens remplacera le despotifme qui faifoit la bâfe de leur adminiftration, & toutes les compagnies de finance vont difparoître. La nation ne peut trop vous manifefter la reconnoiffance qu'elle vous doit ; jamais conquérant n'a remporté autant de victoires dans un efpace de temps auffi court. La feule différence, c'eft que celles de ces guerriers étoient des fléaux pour l'humanité ; les vôtres, au contraire, font pour fa confervation & fon bonheur. La Commune de Paris voit avec tranfport & fatifaction vos trophées ; elle vous l'a témoigné autant de fois que vous lui avez permis de fe faire entendre, & elle fe félicite aujourd'hui, de pouvoir vous renouveller, par l'organe de fes repréfentans, les fentimens de reconnoiffance & d'admiration, dont elle eft pénétrée,

Il ne faut cependant pas fe le diffimuler, Meffieurs ; par la nouvelle organifation, la capitale perd la plus grande partie des richeffes qui abondoient dans fon fein ; elle fe trouve, en ce moment au niveau de toutes les autres villes du

Royaume; elle sera, de plus, surchargée de l'entretien de sa garde nationale soldée, qui lui occasionnera une dépense d'environ six millions par an; elle paroît même avoir moins de ressources que les villes maritimes. Son état actuel est inquiétant; une grande partie de ses ressources est tarie; les belles lettres & les arts, l'industrie & le commerce formeront à l'avenir ses principales espérances; les amateurs seront plus rares, & les profits plus bornés; il faut cependant que l'homme trouve dans son travail une subsistance assurée; réduire & modérer les impôts indirects qui se perçoivent, ce sera un moyen de diminuer le prix des denrées, d'encourager le commerce, de ranimer l'industrie, de rappeller les étrangers, toujours jaloux de visiter, ou de se fixer dans une des plus belles villes du monde; ce sera encore un moyen de donner de la faveur aux biens ecclésiastiques qui sont dans son enceinte, & de conserver les droits & intérêts de la nation. Voilà Messieurs, les premiers motifs qui doivent vous faire prendre en confidération, l'adreffe que nous avons l'honneur de vous préfenter; il y en a d'autres qui font plus particuliers, mais qui ne font pas moins frappants.

Les impôts indirects qui fe perçoivent fur toutes les denrées & marchandifes qui entrent dans la capitale font exceffifs; les uns ont été ufurpés; d'autres ont été créés pour un temps, enfin, d'autres ont été ajoutés, & tous fe font perpétués; ils font actuellement fi innombrables, que la mémoire la mieux organifée ne permettroit pas au financier le plus exercé d'en détailler la vingtiéme partie.

Nous ne chercherons donc pas, Meffieurs, à vous retracer, d'une manière fombre & fatigante, cette nomenclature infinie d'impôts, que l'efprit fifcal a fçu imaginer; nous-nous contenterons de vous expofer, d'une manière rapide, quelques-uns de ceux qui font faits pour fixer votre attention, en vous affûrant que, fur toutes les denrées, ils font portés à un taux immodéré.

Par exemple, un muid de vin qui arrive par eau, paye environ 66 livres d'entrée, non compris les frais de voiture & les droits de route; nous voyons que cette somme exorbitante est composée d'anciens octrois que la Ville avoit créés pour ses besoins, d'un droit de ceinture de la Reine, qui se payoit, dans l'origine, pour frayer à l'entretien de sa maison; d'un droit de canal qui n'auroit dû subsister qu'autant qu'a duré sa construction; d'un droit de batardeau qui part de la même source, d'anciens droits auxquels la Ville s'étoit imposée, pour le soutien de ses pauvres & de ses hôpitaux; d'un droit de barrage, créé pour frayer aux dépenses du pavé de la capitale, droit qui ne doit plus se payer au trésor public, puisque, par le nouveau plan de Municipalité, la Ville est chargée de l'entretien de son pavé; d'un droit de rivière, qui n'est qu'un droit de péage, supprimé par vos décrets; d'un droit appellé *Parisis*, qui n'est qu'une addition du quart en sus, de ceux que nous venons de détailler;

A 4

d'un impôt particulier mis sur les boissons, pour tenir lieu de l'imposition directe que les habitans de Paris, auroient du payer pour leurs maisons de campagne, droit qui se trouve naturellement supprimé, puisque les habitans sont maintenant assujettis à la taille personnelle ; de plusieurs droits qui n'avoient été mis que pour un temps, mais qui se sont perpétués ; enfin des 4 sols pour livre, puis des 10 sols pour livre, &c., &c.

Il faut convenir que, dans la masse totale des soixante-six livres, la Ville perçoit, pour son compte & pour celui des hôpitaux, une somme d'environ quatorze livres ; mais l'abus a été porté si loin, que même on percevoit, au profit du trésor public, les dix sols pour livre de cette portion.

Ce que nous venons, Messieurs, de vous détailler sur le vin, s'applique, avec plus de force, à l'eau-de-vie, dont les droits excessifs sont de 165 liv. 10 s. 6 den. pour un muid d'eau-de-vie simple, & de

270 liv. 10 fols, pour un muid d'eau-de-vie double.

Il y a, néanmoins, cette différence qu'il est possible, au moyen de l'aréomètre, de distinguer les dégrés de l'eau-de-vie ; ce qui ne peut pas se faire à l'égard du vin, & l'avidité fiscale a porté, à cet égard, les choses à un tel point d'iniquité, qu'un muid de vin de Brie paye les mêmes droits qu'un muid de vin de Beaune.

Ne pensez pas, Messieurs, que les boissons soient les seules denrées qui payent d'une manière exorbitante ; toutes sans distinction sont surchargées ; les toiles, les mousselines, les épiceries, les viandes, les pierres, les plâtres, les bois, tout est grévé ; vous apprendrez, sans doute, avec surprise, qu'un cent de planches de sapin, que le marchand de Paris achéte 56 ou 60 liv., paye 46 liv. 10 sols de droits d'entrée, & que les autres bois, appellés *quarrés*, payent dans une proportion aussi forte.

Qu'eſt-il arrivé, Meſſieurs, de cette ſurcharge? Choſe eſſentielle à remarquer; le produit n'a pas pris d'accroiſſement pour le tréſor-public. La contrebande s'eſt faite d'une manière inquiétante. Tant que l'impôt eſt modéré, le peuple le paye ſans réclamation; s'éléve-t-il, on cherche à s'y ſouſtraire; devient-il exorbitant, alors la fraude ſe montre à découvert. Toutes les reſſources de l'imagination ſont miſes en mouvement pour ne pas payer; &, ſi l'on vous rapportoit quelques exemples des inventions qui ont été pratiquées pour éviter le paſſage des barrières, vous ſeriez étonné des moyens imaginés pour les exécuter.

La poſition de la capitale eſt telle, aujourd'hui, qu'une multitude de particuliers commettent la fraude à découvert; ils s'attroupent; ils s'arment; ils en impoſent aux commis. La Municipalité a établi des compagnies de chaſſeurs pour les ſoutenir. Mais, pour le malheur de l'humanité, il s'engage, preſque toutes les nuits, des combats, entre les frau-

deurs, d'une part, les commis & les chaſſeurs de l'autre ; ſouvent il y a des bleſ-
ſés de part & d'autre. Il eſt même arrivé
que quelques-uns d'eux, en perdant la
vie, ont été les victimes ou de leur devoir ou de leur cupidité ; & néanmoins,
la fraude ne s'arrête pas ; l'excès eſt
pouſſé ſi loin qu'il y a, dans la capitale & dans ſes environs, des compagnies d'aſſûrance qui, moyennant une
rétribution proportionnée à la valeur des
droits, ſe chargent de rendre les mar-
chandiſes franches & exemptes, au détri-
ment du tréſor-public.

Il réſulte, Meſſieurs, de cette ſurcharge, une autre eſpéce d'inconvénient
qui n'intéreſſe pas moins le bon ordre,
c'eſt que le négociant qui fait ſon état
avec franchiſe & loyauté, n'a pas les reſſources de celui qui fait la contrebande ;
il eſt impoſſible d'établir entr'eux une
concurrence ; celui qui a éludé les
droits donnera à meilleur marché &
vendra davantage. L'honnête-homme
reſte dans l'indigence, tandis que celui

qui a été moins délicat acquiert l'opulence.

Il est de l'équité des legiflateurs, de réparer des abus qui troublent auſſi fortement la fociété; nous ne craignons pas de dire qu'en retranchant les droits déjà fupprimés par vos décrets, ou mal-à-propos continués, la capitale éprouveroit une diminution de plus de moitié de fes impôts indirects. Sans doute, Meſſieurs, en établiſſant une égalité entre tous les citoyens, entre tous les départemens, en diftribuant ainſi tous les avantages, vous fuivrez le même mode pour les charges. Vous-vous déterminerez d'autant plus facilement à fuivre ces principes par rapport à la capitale, qu'il vous a été démontré que fes reſſources étoient conſidérablement diminuées, que fon commerce étoit languiſſant, fon induftrie paralyfée, & le peuple dans le befoin.

Si cependant, contre votre defir, les circonſtances du moment ne vous permettoient pas de ftatuer fur la totalité de nos demandes, la Commune de Paris efpère de votre justice que vous-vous porterez volontiers à supprimer, lorsque vous décréterez le nouveau mode d'imposition, les droits qui se perçoivent sur le beure, sur les œufs &, en général sur les denrées de première nécessité, lesquelles donnent un foible produit & pesent sur la classe la plus indigente ; elle espère aussi que vous modérerez, au moins à la moitié, les impôts indirects, que le fisc est accoutumé à percevoir sur les autres denrées. Il nous semble que le trésor public ne souffriroit pas de cette réduction ; &, en effet, si la capitale a le bonheur de reprendre sa splendeur, les denrées étant à meilleur compte, la consommation sera plus considérable, l'appas du bénéfice n'étant plus le même, la fraude disparoîtra insensiblement ; par une suite naturelle, le trésor regagnera d'un côté ce que de l'autre il paroîtroit perdre, & le peuple sera soulagé.

Il nous reste, Messieurs, une respectueuse remontrance à vous faire ; par le nouveau plan de Municipalité les habitans de Paris se trouvent chargés de subvenir aux frais de l'illumination & de ceux nécessaires pour conserver la propreté des rues. Mais les propriétaires des maisons avoient racheté & payé au trésor public cet impôt, qui forme un capital de plus de quinze-à-vingt millions, à ce moyen les frais connus sous la dénomination de *boues & lanternes* étoient à la charge du trésor; il ne seroit point juste de les faire supporter aujourd'hui aux habitans; on ne pourroit raisonnablement les en gréver, qu'en restituant à la ville les sommes qu'ils ont payées; &, jusqu'à ce remboursement, il paroît de toute justice de laisser ces dépenses au nombre de celles qui se prennent sur le trésor public.

Nous venons, Messieurs, vous exposer avec franchise, l'objet de nos réclamations; nous ne cherchons point à faire valoir les sacrifices que la capitale a faits pour la révolution; elle s'en honore; elle n'en sollicite point la récompense. Nous venons vous montrer notre position, & réclamer votre juſtice; nous y avons été engagés par la vigilance du Diſtrict de S.-Etienne-du-Mont, qui, dans tous les tems, a donné des preuves de ſageſſe & de patriotiſme; nous y avons été engagés par notre propre conſcience, qui nous impoſe le devoir de veiller aux intérêts de la Capitale. L'eſprit d'équité qui a toujours dirigé les travaux de votre auguſte Aſſemblée, nous fait eſpérer que vous voudrez bien prendre notre adreſſe en conſidération, nous pouvons vous aſſûrer, au nom de la Commune, d'une entière réſignation au décret que votre ſageſſe dictera.

EXERAIT *du Procès-verbal de l'Aſſemblée-Générale des Repréſentans de la Commune de Paris.*

Du 7 Août 1790.

IL a été arrêté que l'Adreſſe ci-deſſus ſeroit préſentée à l'Aſſemblée-Nationale, par une Députation de dix Membres de l'Aſſemblée, auxquels ſeroient invités à se joindre le Citoyen auteur de la Motion faite dans le District de Saint-Etienne-du Mont, qui a provoqué l'Adresse, & les deux Commissaires nommés par ce District, pour communiquer cette Motion à l'Assemblée.,

Signé, *Vincendon*, Président; *Demars*, *Bonneville*, *Letellier*, *Ballin*, *Desprez*, Secrétaires.

ADRESSE

www.ingramcontent.com/pod-product-compliance
Lightning Source LLC
Chambersburg PA
CBHW071441060426
42450CB00009BA/2262